WIR SIND EINS

von Melissa López Charepoo

Erstveröffentlichung 2021. Nachdruck 2026.

ISBN 978-1-971750-18-7 (Taschenbuch)

„Ihr seid die Früchte eines Baumes und die Blätter eines Zweiges. Verkehret miteinander in größter Liebe und Eintracht, in Freundschaft und Brüderlichkeit. Er, die Sonne der Wahrheit, ist Mein Zeuge! So mächtig ist das Licht der Einheit, dass es die ganze Erde erleuchten kann."

-Bahá'u'lláh-

Wir sind eine Menschheit.

Wir sind die Blätter eines Zweiges.

Wir sind die
Blumen einer
Aue.

Wir sind die Löwen eines Dschungels.

Wir sind die
Wellen eines
Meeres.

Wir sind die
Finger einer
Hand.

Wir sind die
Vögel eines
Gartens.

Wir sind die Pflanzen eines Haines.

Wir sind eine Menschheit.

Wir sind die
Sterne eines
Himmels.

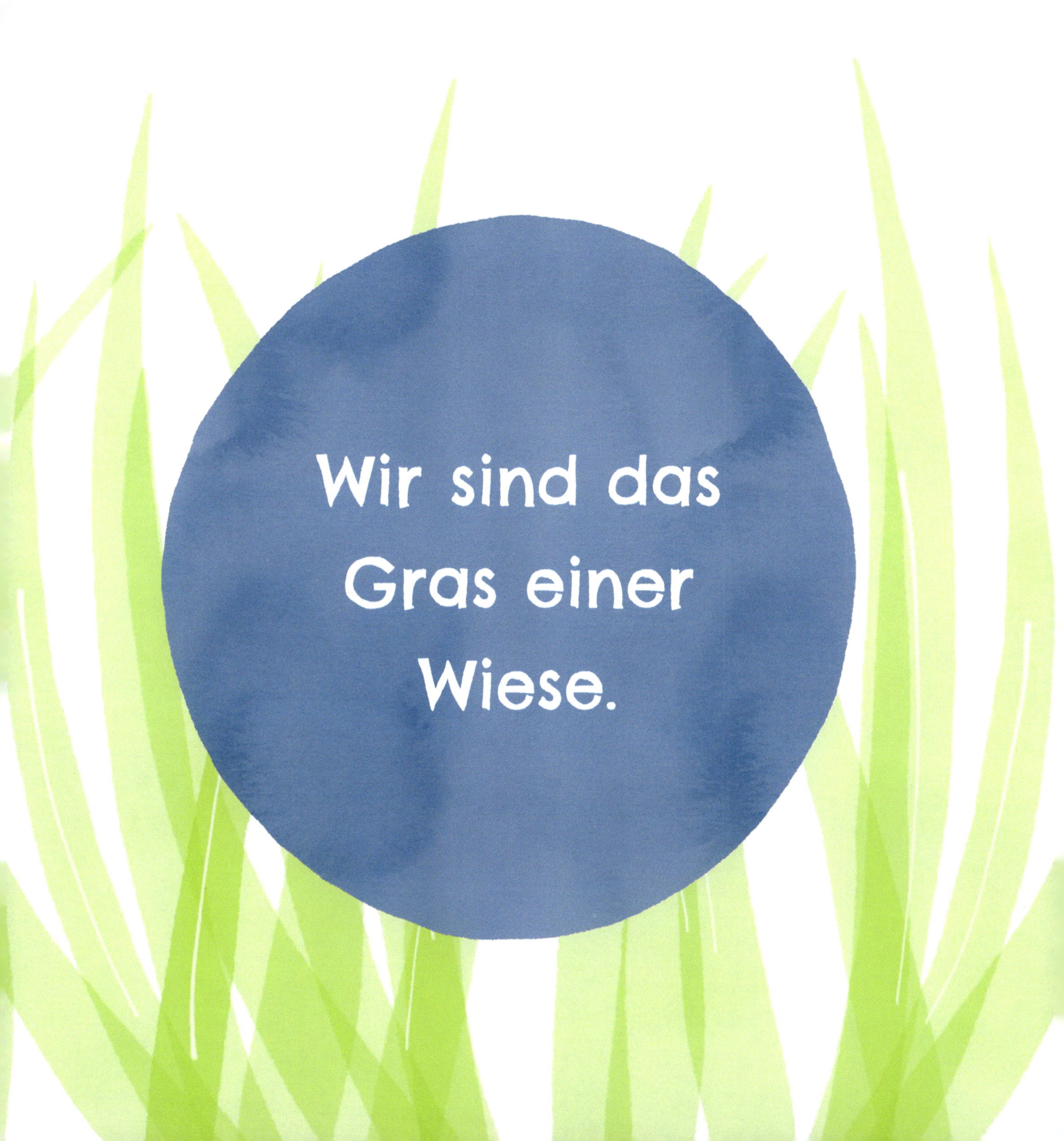
Wir sind das
Gras einer
Wiese.

Wir sind die
Tropfen eines
Meeres.

Wir sind die
Rosen eines
Gartens.

Wir sind die
Strahlen einer
Sonne.

Wir sind die Perlen eines Ozeans.

Wir sind die
Früchte eines
Baumes.

Wir sind eine Menschheit.

Für weitere Informationen über den Bahá'í-Glauben:

www.bahai.de

Bibliografie:

ʿAbduʾl-Bahá, Additional Tablets, Extracts and Talks, www.bahai.org/r/807710579

ʿAbduʾl-Bahá, The Promulgation of Universal Peace, www.bahai.org/r/814409286

Baháʾuʾlláh, Ährenlese aus den Schriften Baháʾuʾlláhs, Auflage 9.02-online (2021-06-12), bibliothek.bahai.de, Baháʾí Verlag 2021

Baháʾuʾlláh, Kitáb-i-Aqdas, Auflage 6.02-online (2020-08-08), bibliothek.bahai.de, Baháʾí Verlag 2020

Gebete, 6. Auflage, Baháʾí Verlag 2016

„Ihr seid die Früchte eines Baumes und die Blätter eines Zweiges. Verkehret miteinander in größter Liebe und Eintracht, in Freundschaft und Brüderlichkeit." - Bahá'u'lláh

„Ihr seid alle die Blätter eines Baumes und die Tropfen eines Meeres." - Bahá'u'lláh

„Seid wie die Finger einer Hand, die Glieder eines Körpers." - Bahá'u'lláh

„Diese Kinder sind die Pflanzen Deines Haines, die Blumen Deiner Aue, die Rosen Deines Gartens." - 'Abdu'l-Bahá

„O Du unser Versorger! Es ist dieses Dieners Herzenswunsch an Deiner Schwelle, die Freunde des Westens und des Ostens in fester Umarmung zu schauen; alle Glieder der menschlichen Gesellschaft voll Liebe in einer großen Gemeinde vereint zu sehen, wie die in einem mächtigen Meere versammelten Tropfen, wie die Vögel eines einzigen Rosengartens, die Perlen eines Ozeans, die Blätter eines Baumes, die Strahlen einer Sonne." - 'Abdu'l-Bahá

„Möget ihr wie Wellen eines Meeres, Sterne desselben Himmels, Früchte desselben Baumes, Rosen eines Gartens werden, auf dass durch euch der Tempel der Einheit der Menschheit in der Welt errichtet werde, denn ihr seid es, die berufen sind, die Sache der Einheit unter den Völkern der Erde aufzurichten." -'Abdu'l-Bahá

„Wir müssen alle Menschen als Blätter, Zweige und Früchte eines Baumes ansehen, als Kinder eines Haushalts, denn alle sind die Nachkommen Adams. Wir sind Wellen eines Meeres, Gräser derselben Wiese, Sterne am selben Himmel und wir finden Obhut beim allumfassenden göttlichen Beschützer." - 'Abdu'l-Bahá

„Ihr seid alle die Wellen eines Meeres, die Strahlen einer Sonne, die Blumen eines Gartens, die Löwen eines Dschungels, die Vögel einer Wiese und die duftenden Blüten eines Rosengartens; darum seid ihr alle wie eine einzige Seele, und dieser Brief ist in Wirklichkeit an jeden einzelnen von euch geschrieben." - 'Abdu'l-Bahá

Mein großer Dank gilt:

Meinem lieben Mann Darioush Charepoo für all seine Unterstützung.

Unseren geliebten Söhnen, sie waren die Inspiration für dieses Buch.

Leanna Guillén Mora für ihre Hilfe beim Korrekturlesen und Bearbeiten des Buches.

Patricia Maurya für die Übersetzung des Buches ins Deutsche.